Quebec is Canada's largest province and one of the most beautiful . . . the home of the French on the North American continent. Two photographers – Arthur Tardif and Chic Harris – have joined forces to bring together, between the covers of this book, the many images of that Province.

In eighty, full-colour photographs, they have caught and recreated for the reader four regions of Quebec:

There is Montreal, with its parks, churches, *quartiers,* its summers and winters . . . the second-largest-French-speaking city in the world.

There is the Quebec countryside, with its many birds and animals and flowers, and its rich fertile farming regions.

There is the Gaspé Peninsula, its fishing villages perched on the banks of the St. Lawrence River.

And then there is Quebec City, once a citadel, now a provincial capital rich in historic association . . . the last walled city in North America.

Common to all four regions are the *Québecois,* both French and English, young and old, urban and rural, who share this wonderful part of the world, where the ancient and the most modern meet so unexpectedly all the time.

Québec by Arthur Tardif and Chic Harris – if you have already explored these regions – will be an exciting souvenir. If you are seeing Quebec for the first time, a marvel-lous visual experience awaits you.
The superb photographs are accompanied by explanatory captions and by a selection of quotations from authors who know and love Quebec.

Montréal

La campagne
In the country

La Ville de Québec
Quebec City

La Gaspésie
The Gaspé

Québec

Malgré ses quatre-vingts ans passés, M. Patrick Marcil reste jeune et sème encore comme au bon vieux temps à l'aide des chevaux qu'il aime tant.

Monsieur Patrick Marcil, over eighty years old, still prefers to sow in the old way using the horses he loves so well.

L'Université de Montréal est la plus grande université française a l'extérieur de la France.

The largest French-language university outside France is the University of Montreal, dramatically situated on the northern slopes of Mount Royal.

Les vieilles calèches transportent encore allègrement les touristes dans les rues de Québec.

Two-wheeled calèches are still used to take tourists around the old city.

Grande Vallée est un des nombreux petits villages de pêcheurs blottis tout le long de la côte nord de la Gaspésie.

Nestling on the north shore of the Gaspé peninsula is Grande-Vallee, a tiny fishing village which could be any of a hundred in the Gaspé region.

Library of Congress
Catalogue Card Number
73-76022

SBN 684-13572-8

CHARLES SCRIBNER'S SONS
NEW YORK

Photographies
Photographs
Dr. Arthur Tardif
Chic Harris

Dessin du livre
Design
René Demers
Craib Demers Limited

Imprimé au Canada par
Printed in Canada by
Rolph-Clark-Stone
Limitée/Limited
Montréal/Toronto

Le devant de la jaquette:
Une ferme dans la vallée du
Richelieu pendant l'orage.

Le derrière de la jaquette:
Les quais de la ville de
Québec et l'hôtel Le Château
Frontenac.

Front cover: A Richelieu Valley
farm during a thunderstorm.

Back cover: Quebec City
waterfront and the Château
Frontenac Hotel.

Nous dédions
ce livre à ceux qui
aiment le Québec
comme nous l'aimons

We dedicate this
book to those
who share our love
for Quebec

Québec

C'est l'automne et déjà les feuilles du pommier tombent au sol au soleil couchant.

First the leaves of the Eastern Township's apple trees fell, and now the burning orange sun too is falling in the west.

Préface

Choisir le sujet d'une introduction pour un livre de ce genre n'est pas tellement facile. On peut être tenté de donner libre cours à sa fantaisie ou encore simplement raconter des faits historiques. Tel n'est pas le but de ce livre.

Les auteurs sont des amis intimes; l'un est de langue française et l'autre de langue anglaise.

Se laissant conduire par leurs caméras ils ont appris à mieux apprécier certaines régions du Québec. Photographes sérieux, ils ont su reconnaître les beautés qui les entourent. Ils ont découvert des sites nouveaux et, en même temps, la chaude hospitalité du peuple québécois.

C'est pourquoi ils se joignent à l'éditeur en espérant que ces photographies encourageront les Canadiens de partout à venir dans la Belle Province pour y goûter la sincere amitié des Québécois.

Arthur Tardif/Chic Harris

It is surprisingly difficult to decide what should be said in the preface to a book of photographs. One is tempted to indulge in generalizations or in historical details. But no, let us say instead. . . .

We are close friends, one whose mother tongue is French, the other whose mother tongue is English. Our cameras have taken us into the cities and countryside of Quebec, regions neither of us fully appreciated before.

It is one of the joys of serious photography that the camera helps one to open his eyes to see things of beauty and interest that normally pass by unnoticed.

It was the camera, too, that led us to discover the great friendliness of the people of Quebec.

It is the hope of the authors and the publisher that these photographs – these images of Quebec – will encourage Canadians from all parts of the country to visit *La Belle Province* and experience the friendly handshake of *Les Québécois*.

Arthur Tardif/Chic Harris

Québec

Un jour de décembre, trois jeunes Montréalais s'apprêtent à descendre une pente enneigée en tobaggan.

Three young Montrealers are about to toboggan down lunar-white slopes in December.

Du haut du Mont-Royal il est bon d'admirer les fiers gratte-ciel tout près du vieux fleuve St-Laurent.

Gazing down from the heights of Mount Royal, one may see the proud modern skyline of Montreal against the ageless St. Lawrence River.

Montréal

Et en arrivant à Hochelaga, il y eut une foule de plus de mille personnes, hommes, femmes et enfants, venant à notre rencontre et ils nous firent un accueil pareil à celui d'un père accueillant son fils, en manifestant sa joie profonde.

Jacques Cartier (1535)

Toute saison embellit la maison de nos amours. Neige ou soleil, printemps insaisissable, automne de paresse. Je ne saurai jamais assez son corps, je n'aimerai jamais assez son coeur.

Jean-Guy Pilon

Et il y a des jours, des jours dorés, où le monde bondit et se remet à vivre,
où les rues au soleil, les garçons, la foule belliqueuse des voitures,
les couleurs d'une balustrade, les tentes des marchands
accélèrent le rythme du coeur battant à éclater comme un météore. . .

Louis Dudek

Les parcs, oh les parcs, aucune ville n'a des parcs comme les nôtres, en été; leurs noms font comme une litanie: le Parc Jarry, le Parc Beaubien, Fletcher's Field, le Lac des Castors, l'Ile Sainte-Hélène, la Coronation dans l'extrême ouest, Rockland plat et sablonneux, le Parc Kent sur la Côte des Neiges avec son terrain de jeux pour les enfants élaboré, ses champs de football, de baseball et de soccer, son excellent système de lumières pour les parties du soir, illuminant jusqu'à une douzaine de coins de rue de là, les maisons de la ville, la plupart des soirs, en juillet et en août.

Hugh Hood

And on reaching Hochelaga, there came to meet us more than a thousand persons, both men, women and children, who gave us as good a welcome as ever father gave to his son, making great signs of joy.

Jacques Cartier (1535)

Each season enriches our house of love. Snow or sun, fleeting spring, lazy autumn. Never will I know her body well enough, never will I love her heart well enough.

Jean-Guy Pilon

And there are days, golden days, when the world starts to life,
When streets in the sun, boys, and battle-fields of cars,
The colours on a bannister, the vendors' slanting stands
Send the pulse pounding on like the bursting of meteors. . .

Louis Dudek

The parks, the parks, no place has parks like ours in the summer; their names make a litany: Parc Jarry, Parc Beaubien, Fletcher's Field, Lac des Castors, Ile Sainte-Hélène, Coronation way out west, Rockland flat and sandy, Kent Park on Côte des Neiges with elaborate children's playground, football and baseball and soccer fields, and a fine battery of lights for night ball illuminating a dozen city blocks most nights in July and August.

Hugh Hood

Le pont Jacques-Cartier relie l'île de Montréal et la ville de Longueuil sur la rive sud.

The awesome spans of the Jacques Cartier Bridge link Montreal Island with the south shore City of Longueuil.

La Place Ville-Marie bourdonne d'activités à midi.

The square in Place Ville Marie throbs with life during the noon hour.

Des parasols de toutes les
couleurs à la terrasse d'un
café de la Place Ville-Marie.

Bright umbrellas add splashes
of colour to an open air café
in Place Ville Marie.

Montréal possède un des plus grands ports intérieurs du monde. Les cargos y viennent de partout y charger ou décharger leur cargaison.

Cargoes for the ports of the world are loaded at Montreal whose harbour is a thousand miles from the sea.

Le Métro de Montréal, par sa technologie avancée et son art avant-gardiste'', est certes un des plus beaux du monde.

Montreal's Metro is the only subway in the world that combines the latest technology with the most avant-garde art.

Les amoureux se content fleurette bien protégés par les hauts édifices modernes de la plus grande ville du Canada.

Lovers sit side by side on a bench engulfed by the surreal architecture of Dominion Square in Canada's largest city.

Au printemps, en plein coeur de la ville, on peut se reposer sur un tapis de verdure à l'ombre des arbres verts de la Place Dominion.

Green grass and trees lend Dominion Square, in Montreal's fashionable business district, an almost sylvan-like quality in spring.

L'hiver change totalement l'aspect de cette place. Des coups de vent la rendent lointaine et déserte.

In winter, Dominion Square takes on an entirely different guise: distant, wind-blown, and timeless.

Depuis 1826, la ferme St-Gabriel reçoit ses visiteurs dans cette antique salle de séjour.

Guests are received in this handsome living room, added to La Ferme St. Gabriel at Point St. Charles in 1826.

Ce dortoir où dormaient les religieuses aux premiers temps de la colonie, date du XVIIe et du début du XVIIIe siècle.

These curtained beds in the nun's dormitory at La Ferme St. Gabriel date from the late Seventeenth and early Eighteenth Century.

Cette croix au sommet du Mont-Royal commémore la fondation de Ville-Marie par le Sieur de Maisonneuve en 1642.

On the peak of Mount Royal may be seen the stark cross that marks the founding of Montreal by Maisonneuve in 1642.

Même si l'église Notre-Dame n'est pas une cathédrale, elle n'en demeure pas moins une des plus vastes églises du continent. De style gothique, elle peut asseoir plus de 10,000 personnes.

Although not a cathedral, Notre Dame is one of the largest and most awe-inspiring churches on the continent. It can seat over ten thousand people.

L'église Bonsecours contient de précieuses sculptures de bois; telle cette merveilleuse Vierge dont les bras s'étendent si gracieusement.

Bonsecours, The Sailors Church, boasts many charming details, like this carved wooden statue of the Blessed Virgin Mary with her arms so gracefully placed in space.

Durant les belles journées d'hiver, des milliers de Montréalais s'amusent sur les pentes du Mont-Royal.

A January Sunday will find thousands of Montrealers skating, skiing, or simply walking across the snowy slopes of Mount Royal.

Quel plaisir qu'un tour de carriole sur le Mont-Royal . . .

One of the joys of a Montreal winter is touring around Mount Royal on a one-horse open sleigh.

Un joli petit chalet de ski en face de l'hôtel La Sapinière en Val David, un des centres de villégiature les plus renommés des Laurentides.

This charming ski chalet is at the renowned Hotel La Sapinière in Val David in the Laurentians.

A Ste-Marguerite, dans les Laurentides, les skieurs doivent se servir du monte-siège pour atteindre le sommet de la montagne.

Taking the chair lift at Ste. Marguerite in the Laurentians just fifty miles north of Montreal is a thrilling experience.

Cette délicate hépatique aux pétales pourpres et douces enjolive nos bois dès les premiers mois du printemps.

The delicate spring flower, the Hepatica, with its soft purple leaves, grows in abundance in these woods.

La campagne In the country

On pourrait également dire que le pays de la Nouvelle France est tout un monde nouveau et non pas un royaume, sa beauté étant parfaite. Les rives du St. Laurent (belle parure du pays) offrent à nos yeux un spectacle très convenable.

Samuel de Champlain (1608)

It may also be said that the country of New France is a new world and not a kingdom, being perfectly beautiful, with very suitable sights on the banks of the great river St. Lawrence (the country's ornament). . . .

Samuel de Champlain (1608)

Des soirs, j'errais en lande hors du
hameau natal,
Perdu parmi l'orgueil serein des grands
monts roses,
Et les Anges, à flots de longs timbres
moroses,
Ebranlaient les bourdons, au vent
occidental.

Emile Nelligan

Some evenings I roamed the moors,
beyond the bounds
Of my home village, lost in the great
rosy hills'
Calm pride, and down the wind the Angels
shook the bells
Of churches in long waves of
melancholy sound.

Emile Nelligan

Je donne forme à la hideur comme à la grâce:
Je risque, en modelant ces animaux, ces fleurs,
Des figures dont Dieu lui-même s'émerveille.

Robert Choquette

I body forth deformity and grace alike;
Creating these flowers and animals, I essay
Images which strike God himself with wonder.

Robert Choquette

Les hivers en font un univers de neige balayée par un vent terrible, et au-delà de ses horizons, l'aurore boréale étincelle sur les murs de couleurs électriques changeantes qui craquent et grondent comme les dieux d'une planète morte se parlant dans la nuit.

Hugh MacLennan

Winters make it a universe of snow with a terrible wind keening over it, and beyond its horizons the northern lights flare into walls of shifting electric colours that crack and roar like the gods of a dead planet talking to each other out of the dark.

Hugh MacLennan

Deux jeunes écoliers se hâtent vers leur école.

In early spring, two youngsters hurry to school a few miles away.

Que peut bien avoir à raconter cette jeune fille à l'allure moqueuse?

We may never know what this twelve year old girl is thinking, but her thoughts are happy ones.

Tout un passé d'un dur travail se reflète dans le visage de M. Léopold Handfield, propriétaire des "Ateliers Mécaniques de Beloeil, Québec".

Determination and strong character may be read in the face of Léopold Handfield, proprietor of Les Ateliers Mécaniques de Beloeil, Québec.

Ce vieux moulin de pierre et cette vieille maison ajoutent au charme de Frelighsburg.

An old stone mill and the larger frame building beyond it together create a picturesque view of Frelighsburg.

Ce lièvre paré de sa livrée hivernale a été très gentil et a bien voulu se laisser photographier près de son terrier.

With his ears as alert as antennae, the snowshoe hare pauses long enough to be photographed, before leaping away.

La fonte des neiges créent de petits marais où se reflètent les bouleaux blancs de nos bois.

Trunks of silver birch trees seem to emerge from the reflecting pools of melting spring snow rather than from the earth itself.

La neige n'est pas encore toute fondue qu'apparaît déjà la première fleur printanière, la symplocarpe.

Perhaps the first plant to break through the snow to greet the Quebec spring is the skunk cabbage.

Une des plus belles fleurs printanières des prés humides du Québec est certes le Populage des Marais.

Bursting forth from the mantle of winter is the golden-headed Marsh Marigold.

Cette russule aux couleurs si variées est un des nombreux champignons que l'on trouve dans nos forêts de conifères.

Yellow, orange and crimson are the colours of the red tinted Russula, a mushroom characteristic of the Quebec woods.

A Hemmingford on retrouve dans une maison construite par un loyaliste tout un mobilier fabriqué par des artisans canadiens-français: symbole du mariage de deux cultures.

The blending of two cultures: French Canadian furnishings grace the dining room of a United Empire Loyalist house near Hemmingford.

La plus vieille maison de Longueuil recouvre les assises de la première brasserie de la région de Montréal construite en 1700 par Charles Lemoyne.

This proud, solid house, the oldest in the Longueuil District, had in its cellar the first brewery in the Montreal area, built in 1700 by Charles Lemoyne.

L'orage a inondé le mont St-Hilaire, mais le soleil vient vite sécher le sol et pare la montagne de ce double arc-en-ciel.

Our camera caught a delicate double rainbow after a cloud-burst that drenched Mount St. Hilaire.

Le Québec reste encore profondément religieux et croyant; ici deux religieuses méditent aux pieds de la Vierge Marie dans l'Eglise de l'Assomption de Grandby.

Devotion takes many forms: here nuns in black and white kneel in prayer at the Church of the Assumption, Granby.

La cabane à sucre fait partie du patrimoine québécois. Quelle joie que de s'y retrouver en mars pour goûter la savoureuse tire d'érable.

Most familiar of all sights in the Quebec Woods is La cabane à sucre, the barn where sweet-tasting maple syrup is prepared.

La neige entassée, les petites maisons de bois au village St-Charles, au bord du Richelieu, rappellent les paysages peints par A. Y. Jackson.

Heaps of snow and little frame houses in the Village of St. Charles on the Richelieu River recall paintings of similar scenes by A. Y. Jackson.

Le Grand Duc au regard impassible est un habitant des forêts québécoises.

It is almost impossible to outstare the unblinking Great Horned Owl who inhabits the Quebec woods.

Le butor américain niche un peu partout dans les marais du Québec.

The tawny brown heron, or American Bittern, may be found in the marshes of Quebec, and occasionally photographed.

Les pommiculteurs vendent leurs produits près de leur verger le long des routes. Le promeneur peut même acheter des tapis aux motifs africains.

At Quebec roadside stands, one can buy a bottle of cider, a bushel of apples, even a rug with a tiger motif.

C'est déjà l'automne et les feuilles colorées des érables et des chênes tomberont et protègeront ainsi le sol contre les gelées d'hiver.

The leaves of the oak tree turn ruby red in the fall, before they snap off and flutter to the ground.

Une première couche de neige vient tout juste de couvrir ces barils de cidre à Rougemont, le royaume de la pomme.

Snow has lightly coated the tops of the cider barrels in the apple region along the Richelieu Valley near Rougemont.

L'orage et la nuit plongent cette ferme de la vallée du Richelieu dans une solitude de fin du monde.

The heavens are so stormy this farmhouse in the Richelieu Valley might well be the only one left in the whole world.

Maison au toit rouge de la "Côte de la Montagne".

Red roofs and dormer windows are a striking part of this old house in the Lower Town on Côte de la Montagne.

La Ville de Québec

Rien ne m'a paru aussi beau et aussi grandiose que la situation de la ville de Québec. En fait, elle ne pourrait pas être mieux située, même si elle devait devenir, un jour, la capitale d'un grand empire.

Comte de Frontenac (1672)

Ce que j'ai trouvé, de loin, le plus intéressant sur ce continent, c'est la ville de Québec. Je crois même que je préférerais être un curé pauvre à Québec plutôt qu'un riche marchand de porcs à Chicago.

Matthew Arnold (1884)

L'horloge de l'abbaye, le cadran au jardin
se fanent comme les fêtes des saints.
Les mois, les années sont des forêts
vierges intactes.

Douglas LePan

La seule occupation possible ici
Consiste à se mirer jour et nuit

Anne Hébert

Quebec City

Nothing struck me as so beautiful and grand as the location of the town of Quebec, which could not be better situated even were it to become, in some future time, the Capital of a great Empire.

Comte de Frontenac (1672)

Quebec is the most interesting thing by much that I have seen on this Continent, and I think I would sooner be a poor priest in Quebec than a rich hog-merchant in Chicago.

Matthew Arnold (1884)

The abbey clock, the dial in the garden,
Fade like saints' days and festivals.
Months, years, are here unbroken
virgin forests.

Douglas LePan

The only possible thing to do here
Is to look at oneself in the mirror day and night.

Anne Hébert

Rien n'arrête la navigation sur le fleuve St-Laurent; témoin ce cargo qui se fraie un chemin à travers les glaces en route pour l'Europe.

A heavy-laden freighter leaving Quebec City makes its way down through the ice of the St. Lawrence to the cold North Atlantic.

Cette ferme fait preuve de la grande fertilité du sol de l'île d'Orléans.

One can almost feel and smell the fertility of the soil on this prosperous farm located on the Isle of Orléans.

L'île d'Orléans a toujours gardé ses beautés ancestrales. Voici une vieille maison normande.

The flared eaves and white-washed fieldstone walls of this Orléans farm and country house create a beautiful composition.

Tous les ans des milliers de pèlerins visitent le plus important lieu de pèlerinage du continent: Ste-Anne de Beaupré est photographiée ici de l'île d'Orléans.

Each year thousands visit the famous twin-spired shrine of St. Anne de Beaupré, seen here from the Isle of Orléans.

Cette jeune artiste expose ses oeuvres aux murs de la "rue du Trésor".

A young artist, warmly dressed in red, sells her prints and watercolours to tourists who pass along La Rue du Trésor.

La vieille batterie est encore là
pour nous rappeler les temps
lointains où elle devait protéger la citadelle contre les
envahisseurs.

A battery of Old Cannon still
stands as if ready to defend
Quebec City against any and
all invaders.

Les années ont passé sans rien changer à ce vieux cadran solaire bâti en 1773 dans la cour du vieux Séminaire de Québec.

This ancient sundial, erected at the Old Quebec Seminary in 1773, marks the passage of the sun, yet seems unaffected by the passage of time.

L'entrée du vieux Séminaire de Québec, fondé en 1663 par Mgr François Montmorency de Laval, premier évêque de Québec. La chapelle à gauche conduit à son tombeau.

The entrance to the Old Quebec Seminary founded in 1663 by the first Bishop of Quebec, Mgr François Montmorency de Laval. The Chapel on the left leads to his tomb.

Le vieux Séminaire garde encore ses entrées avec ses grilles de fer forgé.

This refined grillwork has encircled the Seminary of Quebec for over two hundred years.

Il est toujours agréable d'arpenter les rues sinueuses du vieux Québec.

The streets of Quebec's Lower Town, which twist and turn, rise and fall, were plainly designed for carriages, not automobiles.

Québec ne veut pas oublier son passé historique; cette magnifique reconstruction de la "Place Royale" en témoigne.

This reconstruction of the Place Royale is a handsome combination of bright shingles and shutters and dull grey stonework.

Au Québec le hockey s'apprend aussi bien dans les rues sur l'asphalte que sur la glace des grandes arénas. Un jour un de ces jeunes sera peut-être un autre Rocket Richard.

Hockey in Quebec is not always played on ice or by Rocket Richard, although some day one of these youngsters may be another Rocket.

La maison Jacquet est très jolie. Elle fut construite vers 1678. La légende veut qu'y ait habité le général Marquis de Montcalm. Elle est devenue, sous le nom de "Les Anciens Canadiens", un restaurant bien connu.

The charming Maison Jacquet was built as early as 1678, and according to legend was the home of the Marquis de Montcalm. Now called Les Anciens Canadiens, it is one of the most popular restaurants in the city.

Voici Monsieur le Bonhomme Carnaval; tous les ans avant le carême il revient égayer les Québécois et les milliers de touristes qui affluent alors pour goûter les joies de l'hiver.

Quebecers call him Monsieur Bonhomme Carnaval, and they remake him in snow and larger than life for each Winter Carnival.

De vieilles maisons de la rue St-Denis datent de la fin du XVIIIe siècle. En arrière-plan, le toit du Château Frontenac, construit en 1892.

Most of these houses on St. Denis Street in Old Quebec date from the end of the Eighteenth Century. The roof of the famous Château Frontenac, built in 1892, can be seen in the background.

Ce vieux loup de mer à Percé pourrait nous raconter de savoureuses histoires de pêcheurs.

This blunt-spoken Percé fishing captain can tell you many an exciting story.

La Gaspésie The Gaspé

Les compagnons tressent des cordes
ô navire pendu haut et court
amours bercées si la nuit ne les arrache
et ne les jette claironnants dans le soleil

Paul-Marie Lapointe

the shipmates braid the ropes
o vessel hanging high and short
lilting love if night does not snatch it and throw it
clarion-like into the sun

Paul-Marie Lapointe

Cher village bercé des flux et des reflux,
Cher village inconnu dont le dernier méandre
S'avoue à nos regards en ce jeune matin,
Salut! joli village où nous allons descendre
Appareiller gaiement la barque du destin.

Robert Choquette

Dear village lulled by tidal ebbs and flows,
Dear unknown village whose least winding path
Lies open to our gaze in the young morning light,
Hail! pretty village to which we are going down
To trim lightheartedly the bark of fate.

Robert Choquette

Regarde-moi assez longtemps
et je serai une fleur
ou des mûres mouillées pendues
d'un buisson qui s'égoutte

George Bowering

Look at me long enough
and I will be a flower
or wet blackberries dangling
from a dripping bush

George Bowering

Ah je vous vois tous et toutes
Dans les petits cimetières fleuris
Aux épaules des églises paroissiales
Sous le léger gonflement de tertres mal soignés
Vous toi et toi et toi et toi
Vous tous que j'aimais
Avec la véhémence de l'homme muet

Alain Grandbois

Ah I see you all men and all women
In little flowering cemeteries
At the shoulders of parish churches
Under the light swelling of ill-kept mounds
You and you and you and you
All of you whom I loved
With the vehemence of the dumb man

Alain Grandbois

Les éléments ont libre cours ici; voilà pourquoi les Indiens Micmacs'' ont appelé cette region Gaspé, c'est-à-dire ''fin des terres''.

The elements are untamed here, and for this reason the Indians called the Gaspé region gespeg, meaning ''end of the world.''

Fenêtre aux rideaux blancs dont les rebords étalent les coquilles ramassées le long de la grève.

Lacy white curtains hang from a window whose ledge holds shells salvaged from the sea.

Ces bonnes dames sirotent leur café à l'hôtel "Killi-crankie" près de Métis.

Two ladies sit and talk and drink their morning coffee at the Killicrankie Hotel, near Métis.

De nombreux phares encerclent encore la côte gaspésienne longue de 450 milles.

La Gaspésie has more than 450 miles of coast and all the lighthouses are picturesque.

Cette dame qui arrose ses fleurs demeure dans la plus vieille maison au Bic.

This lady, who lives in the oldest house in Bic, waters her geraniums every morning during the summer.

St-Pierre, petit village typique de la côte nord de la Gaspésie, a l'air de lier la terre et la mer.

Tiny fishing villages like St. Pierre dot the perimeter of the Gaspé Peninsula, as if linking the soil and the sea.

A chaque village il y a un quai et à chaque quai, bien attachées, ces petites barques de pêcheurs qui se balancent paresseusement au gré de la mer.

Over the centuries, fishing boats like these have been tied to Gaspé docks and wharfs.

De nombreux bateaux venant du vieux continent se sont échoués le long des côtes rocailleuses de la Gaspésie. A Leggett's Point près de Métis on retrouve de tres vieilles épitaphes, derniers témoins de ces tragédies.

Many a brave sailing ship from the Old World was wrecked on the rocky coast of Gaspé. Wooden markers like the one at Leggett's Point near Métis still identify the graves of those who lost their lives.

Le clocher bleu argenté de l'Eglise St-Roch.

The stately silver-blue spire of the Church of St. Roch makes a striking picture against the blue-grey sky.

De jeunes amoureux regardent l'horizon en admirant le soleil couchant près de la mer.

A Quebec couple gazes into the distance, watching the sky turn bright orange at sunset.

Trio de fous de Bassan sur les hautes falaises de l'île Bonaventure.

A trio of Gannets watch from the top of the cliffs of Bonaventure Island.

Un pêcheur vide ses filets près des Méchins sur la côte nord de la Gaspésie.

A red-coated Gaspé fisherman works at one of the inshore fishing nets at Les Méchins.

Le rocher Percé, unique en son genre; à marée basse on peut s'y rendre a pied.

At high tide the famous Percé Rock – or Pierced Rock – is an island; at low tide it can be reached on foot.

Jolie pastorale estivale le long de la côte sud où les marguerites font des milliers de petites taches blanches dans l'herbe verte.

Cows dominate this typical rural scene from the south shore where the green grass is speckled with white daisies.

Il faut vraiment avoir de la veine pour pouvoir enregistrer sur pellicule un chevreuil curieux et sans doute attiré par quelques bruits insolites.

If one is fortunate, a fleeting glimpse may be caught of a deer in the underbrush.

Une légende   A legend

Quelque part, dans un petit village, il y a une église. Dans cette église on peut voir une vieille porte au centre de laquelle il y a un trou. Voici l'histoire de ce trou.

Il existait dans ce petit village, il y a plusieurs centaines d'années, une haine héréditaire entre les deux familles les plus aisées . . . chacune essayait de détruire l'autre jusqu'à ce que l'une des deux se réfugia dans la vieille église.

Après quelques jours de siège le chef de la famille se trouvant à l'extérieur de l'église décida, réflexion faite, que cette querelle était insensée. Il se disait: "Nous voilà deux familles priant et adorant le même Dieu, vivant dans le même village et pourtant nous ne cherchons qu'à nous entre-tuer".

Il appela donc le chef de la famille se trouvant a l'intérieur de l'église en lui disant: "Ecoute-moi; perce un trou dans la porte, tends-moi la main à travers ce trou et je te tendrai la mienne: nous serons amis".

Aucune réponse. Alors le chef reprit: "Très bien, puisque tu refuses, c'est moi qui vais faire le trou et je serai le premier à tendre la main". Il dégaina son epée et réussit à percer un trou au centre de la porte et tendit alors sa main. . . .

Une autre main, de l'intérieur, serra la sienne scellant ainsi une amitié qui ne s'est jamais éteinte.

There is an old church where one can see an ancient door in the centre of which someone has cut a round hole. This is the story of that hole.

Several centuries ago two prominent families carried on a feud. Each tried to exterminate the other, until one family took refuge in the local church.

After a period of siege, the head of the family outside the church came to the conclusion that the feuding was foolish. Here were two families worshipping the same God, in the same church, living in the same country, each trying to kill the other.

So he called out to the head of the family inside the church, "Cut a hole in the door with your spear, put your hand through it, and I will shake your hand and we will be friends."

There was no response, so the man on the outside continued, "Very well, then, if you won't, I will cut the hole and extend *my* hand."

So he took his spear and cut away a round hole and thrust his right hand through. . . . It was grasped by another hand inside the church.

The descendants of those two families have lived in harmony ever since.

Jordan Harris **Arthur Tardif**

Arthur Tardif est né à St-Casimir, Co. Portneuf au Québec. Après quelques années d'étude au collège de son village il termina son classique au vieux Séminaire de Québec et gradua à la faculté de médecine de l'Université Laval en 1943.

Il se joignit alors au corps médical de l'armée canadienne. Demobilisé en 1946, il établit sa pratique médicale à Longueuil, Québec où il demeure toujours. Il est le médecin chef de United Aircraft of Canada Limited.

Ses loisirs sont presque tous consacrés à la photographie. Il est membre du club Caméra de Montréal; de l'association des photographes de Longueuil et représentant de district de la Société Photographique d'Amérique.

Ses diapositives ont été très souvent primées dans les salons internationaux de photographie.

Jordan Harris, appelé "Chic" par ses amis immigra au Canada en 1929. Il habite Beloeil, Québec. Jusqu'à sa retraite en 1966 il travailla à la section des recherches de C.I.L. Depuis sa retraite Chic occupe tous ses loisirs à la photographie.

Il est membre du club Caméra de Montréal, de l'association nationale d'art photographique et du Toronto Guild of Colour Photography. Il a largement contribué au livre Canada in Colour, publié en 1972 par les éditions Hounslow.

Arthur Tardif was born in St. Casimir, Portneuf County, Quebec. He received his education at the Old Quebec Seminary and graduated from Laval University in Medicine in 1943. He joined the Canadian Army Medical Corps and then established his medical practice in Longueuil where he is now the chief medical officer of United Aircraft of Canada Limited.

Dr. Tardif is a member of the Montreal Camera Club, of l'association des photographes de Longueuil and district representative of the Photographic Society of America. His slides have won awards in many international salons of photography.

Jordan Harris, known as Chic to his friends, came to Canada in 1929 and makes his home in Beloeil, Quebec. He worked in research for Canadian Industries Limited until his retirement in 1966. Since then his main interest has been photography.

He is a member of the National Association of Photographic Art, the Montreal Camera Club, and the Toronto Guild of Colour Photography.
He contributed many photographs to Canada in Colour published in 1972 by Hounslow Press.

John Robert Colombo, qui a fourni les sous-titres et les citations de ce volume, est poète et rédacteur à la pige. Il est l'auteur de sept recueils de poésie; Jacques Godbout a traduit un de ces recueils en français.

John Robert Colombo, who contributed the captions and quotations, is a poet and editor-at-large. He is the author of seven books of poetry, one of which was translated into French by Jacques Godbout.